AF248332

L

VUES
SUR LES ÉLECTIONS
DE 1842.

IMPRIMERIE DE COSSON, RUE SAINT-GERMAIN-DES-PRÉS, 9.

VUES
SUR LES ÉLECTIONS
DE 1842,

PAR

LE BARON GUSTAVE DE ROMAND.

> Les libéraux de la Restauration ont usé les pointes de leur dialectique à séparer ce que nous voulons réunir : la liberté, le pouvoir.
>
> CORMENIN.

A PARIS,

CHEZ MM. DAGUIN, LIBRAIRE,
QUAI MALAQUAIS, 7,
ET LEDOYEN, LIBRAIRE, PALAIS-ROYAL.
1842.

A M. DE LAMARTINE.

Monsieur ,

La haute approbation, dont vous avez honoré le parallèle politique tracé par moi l'an dernier entre vous et M. Berryer, m'encourage aujourd'hui à vous adresser et à vous soumettre les pensées que me suggèrent les questions politiques et sociales qui seront soulevées, sinon résolues par les prochaines élections.

La tâche que je m'impose est délicate ; je vais

marcher sur des charbons ardents ; et je sentirais mon courage défaillir, en abordant une aussi redoutable matière, si je n'étais soutenu par l'énergie de mes convictions, et par l'importance du but que je me propose. Je sens encore en moi une plus ferme confiance, en songeant à la supériorité de l'intelligence à laquelle je m'adresse, et aux instincts nobles et éclairés de la société au sein de laquelle j'élève la voix.

Vous vous êtes placé, monsieur, au dessus des préjugés et des passions de tous les partis ; vous planez dans la sphère immortelle des idées philosophiques et religieuses ; et la France, qui aime tout ce qui est noble et grand, applaudit à vos efforts, et devine que vous la conduisez vers les régions inconnues de l'avenir.

Grâces vous en soient rendues, monsieur ! gloire à votre heureuse et brillante destinée ! gloire à la terre qui vous a donné le jour, et qui écoute vos leçons avec cet enthousiasme qui est le secret des grandes actions dont elle offrira toujours le modèle ! gloire à vous ! gloire à mon pays ! N'êtes-vous pas la réalisation des plus généreuses théories de l'humanité? Non, tout n'est pas chimère dans les vœux de perfectibilité sociale que tant de nobles victimes ont scellés de leur sang depuis un demi-siècle! non, tout n'est pas intrigue et mensonge dans les grands changements dont nos pères ou nos contemporains ont été les martyrs! non, les sociétés ne tournent pas sans cesse dans le même cercle vicieux, et les abus ne sont pas nécessairement corrigés par d'autres abus! Quelles que soient les faiblesses et les infirmités de notre nature, elle porte en elle un rayon divin qui la fait tendre sans cesse vers une perfection idéale dont elle a le sentiment inné et confus, et vous êtes un de ces mortels privilégiés auxquels il est donné de trouver les remèdes et les consolations que l'humanité appelle dans l'agitation fiévreuse de la douleur.

Ce qu'il y a de plus triste dans les souffrances de l'époque actuelle, c'est une singulière disposition à se déprécier elle-même. Notre ancien amour des innovations a fait place à une cruelle ironie qui nous exciterait presque à brûler ce que nous avons adoré, et à adorer ce que nous

avons brûlé. Quelle est donc l'origine de nos déceptions amères ? Pourquoi tant de blasphèmes
impies ? Notre impatience seule pourrait-elle tout
expliquer ? Et qui oserait accuser cette impatience
née de longues douleurs dont elle n'aperçoit pas
le terme ? N'est-ce pas assez déjà que de subir les
maux attachés aux époques de transition ? Qui
oserait insulter au long gémissement de notre génération sur ses autels détruits, et à cette noble
indignation du néant dont l'image l'épouvante ?
Ce n'est pas l'invective qui convient à ce mal ; il
appelle la tolérance, la longanimité, la sympathie ;
il appelle, monsieur, les chants mélodieux du
poète, et les hautes leçons de l'homme d'État et
du philosophe que la Providence nous a donné en
vous comme une manne céleste pour apaiser
notre faim dans le désert.

Ce qui vous distingue, monsieur, des hommes
de notre époque, c'est un caractère de vérité et
de modération qui vous a toujours tenu en dehors
des mouvements désordonnés ou factieux des partis ; et ce calme heureux vient de la puissance de
votre foi dans la marche progressive que Dieu et

le temps impriment, par une force irrésistible, aux idées et aux institutions humaines.

Vous avez su comprendre et aimer la démocratie, malgré ses écarts, et l'autorité du passé, non plus que les expériences prématurées du présent, n'ont pu détourner vos yeux ni votre courage des tentatives nouvelles où vous semblait convié l'avenir.

Vous avez entendu dans votre jeunesse un grand homme qui semble avoir été placé entre les temps anciens et les temps nouveaux, comme pour rappeler à ceux-ci le respect et le culte des souvenirs, raconter la gloire et les bienfaits de nos ancêtres et s'efforcer ainsi de renouer parmi nous la chaîne des traditions : M. de Chateaubriand a consumé sa vie à cette œuvre ; mais le ravissement produit par ses paroles n'a pu détourner le siècle de sa marche ; les générations ont poursuivi leur route ; vous avez marché avec elles, et, vous plaçant à leur tête, c'est vous qui les conduisez vers la terre promise.

C'est en vain que l'éloquence armera de toutes ses foudres la voix d'un illustre orateur ! L'aristocratie applaudira son Mirabeau ; mais l'éloquence de M. Berryer pourra suffire à peine à faire écouter sans murmure les protestations de l'aristocratie expirante.

Vous, monsieur, en face d'un spectacle de ruines, vous avez trouvé non pas ces accents vainqueurs qui insultent à la défaite, mais ce ton de force et de majesté qui console des plus durs revers, et qui persuade mieux que les emportements et la violence. Vous savez résister à toutes les vaines prétentions et soumettre les passions elles-mêmes au joug de la raison et de la vérité ; c'est ainsi que vous mettrez un terme aux divisions et aux troubles qui jettent sur nos existences un voile de deuil et de misère.

Cependant cette heure de triomphe n'a pas sonné ; la lutte dure encore : elle sera vive et animée dans nos prochaines élections. Là , tous les préjugés, tous les intérêts, tous les mécontentements, tous les griefs se coaliseront contre la politique de paix et de conservation que vous défendez avec le parti qui est aux affaires, quels que soient d'ailleurs vos dissentiments sur des questions secondaires à celles que votre patriotisme veut à tout prix faire prévaloir.

Maintenir la paix et la démocratie contre les passions aristocratiques et les préjugés ultra-démocratiques, qui s'unissent pour nous engager dans des entreprises belliqueuses dont les hasards flattent également leurs vœux et leurs espérances, telle est la question entre vous et M. Berryer : celui-ci fait cause commune avec les candidats de l'opposition ; vous, avec les candidats du ministère ; et tous deux, l'un dans l'intérêt de la guerre et du triomphe de l'aristocratie, l'autre dans l'intérêt de la démocratie et de la paix, vous devenez ainsi les champions d'une cause qui n'est pas la vôtre.

La confusion que cette tactique produit au sein des partis n'est pas aussi grande qu'on pourrait l'imaginer ; chacun se rend assez bien compte de sa situation, et sait distinguer les moyens du but. Aussi voyons-nous chaque jour un organe habile de l'opposition légitimiste mettre au banc des colléges électoraux, et condamner à un semblable ostracisme trois hommes qui, quoiqu'en dise la *Ga-*

zette de France (1), représentent trois systèmes politiques très différents, mais qui ont tous trois le tort irrémissible d'être revêtus d'un caractère d'autorité et de supériorité incontestable et incontesté. Les anathèmes de la *Gazette de France* contre M. Thiers, M. Guizot et M. Molé, n'ont rien qui doive surprendre ; mais il est encore un autre homme d'État qui mérite d'être enveloppé dans cette commune proscription, parce que ses idées de conciliation et de progrès en font l'ennemi le plus dangereux des partis extrêmes, et la personnification la plus complète de la vérité sociale ; cet homme d'État, monsieur, c'est vous-même.

(1) Nous le répétons, tout électeur royaliste qui donnerait sa voix aux partisans de M. Thiers, de M. Guizot ou de M. Molé, manquerait à tous les intérêts nationaux. Ces trois hommes se sont faits les instruments de l'arbitraire ; ils se sont montrés tous trois les ennemis de la monarchie et de la liberté, amis du despotime et de la révolution. Les *mandats* des électeurs donnés aux députés doivent donc donner de l'exclusion à ces trois hommes. Jamais l'ostracisme d'Athènes n'aura été mieux appliqué (*Gazette de France* du 9 mai 1842).

Et d'abord, arrêtons nos yeux sur les deux influences les plus anciennes et les plus actives de
notre époque, qui se retrouvent au fond des plus
grandes comme des plus petites affaires, qui étrei-
gnent les évènements et les hommes de leur siècle
avec une force, une ardeur, une persévérance que
rien ne peut lasser ni abattre, qui sont sans cesse
présentes partout, qui ont tout produit, tout di-
rigé, tout agité ou tout contenu, et dont chaque
mouvement révèle un caractère de puissance qui
maîtrise le présent et se projette sur l'avenir.

Ces deux hommes dont les noms sont sans cesse
dans toutes les bouches et dans toutes les pensées,
dont le monde attentif épie les gestes et les paroles,
qui ont fait luire la lumière cachée sous le bois-
seau, qui ont révélé à la démocratie sa force et ses
droits, ne sont pas seulement deux grands orateurs
et deux grands écrivains ; ces deux athlètes du siècle nous apparaissent comme deux initiateurs de
l'humanité au mystère de ses destinées.

M. Thiers et M. Guizot ont gagné plus de ba-
tailles de tribune ou de presse, et plus rempli
l'Europe du bruit de leurs succès que nos généraux

les plus renommés ; leur célébrité les range désormais parmi les premières illustrations historiques de la France.

M. Thiers et M. Guizot ont envisagé chacun à un point de vue spécial la Restauration et la révolution de Juillet. Le premier fut surtout frappé en 1814 de l'invasion étrangère ; le second se préoccupa davantage de la rentrée des émigrés, fait permanent et plus fécond en conséquences qu'un évènement accidentel et fortuit dont toutes les capitales de l'Europe avaient été tour à tour le théâtre. L'un s'inspira donc sans cesse, contre la Restauration, des souvenirs militaires de la République et de l'Empire, et lui reprocha injurieusement d'avoir été ramenée dans les fourgons de l'étranger ; l'autre travailla au contraire à séparer la liberté d'un pouvoir suspect, et, évoquant les souvenirs parlementaires de l'Angleterre, arracha le Gouvernement à la royauté pour en investir la Chambre élective dont il prévoyait que les majorités n'échapperaient pas longtemps à la prépondérance des intérêts démocratiques du pays.

La Révolution de 1830 fut pour M. Guizot la

consécration des principes de 1789 sur la démocratie et la liberté; tandis que M. Thiers vit dans
cet évènement la réparation du désastre de Waterloo et le présage d'une prochaine révision des
traités de 1815.

Ce qu'il y a de vrai et de réel dans ces deux
aperçus et l'instinct des nécessités politiques du
moment réunit d'abord M. Guizot et M. Thiers;
mais ils se séparèrent aussitôt que l'empire des
circonstances ne leur ordonna plus le sacrifice de
leurs préoccupations les plus intimes et les plus
personnelles. Alors chacun d'eux se dévoua à son
oeuvre et à sa mission, et ils devinrent les chefs de
deux politiques et de deux systèmes qui les firent
l'un et l'autre aspirer à la direction des affaires
étrangères.

La coalition de 1838 parut rapprocher ces deux
hommes d'état; mais l'évènement prouva bientôt
que s'il avait existé momentanément entre eux
une communauté de griefs contre la politique de
M. le comte Molé, le même désaccord continuait
à régner dans leurs idées. M. Guizot accusait
M. Molé de montrer trop de ménagements avec

les partis à l'intérieur, et M. Thiers lui reprochait trop de patience et de temporisation avec l'étranger. Les cabinets du 1er mars et du 29 octobre furent l'expression de ces deux politiques, et le ministère du 12 mai n'apparut guère que comme un temps d'armistice et de trève.

M. Guizot cherche sa force dans la résistance et dans la lutte ; M. Thiers, dans la diversion à nos querelles intestines, par des complications extérieures ; M. le comte Molé, dans une heureuse et paisible harmonie, tant à l'intérieur qu'à l'extérieur. Vous vous êtes surtout associé, monsieur, à cette dernière politique, et vous lui avez apporté un précieux élément de succès et un principe de vie, en osant lui montrer pour but de nouvelles conquêtes sociales dans le développement simultané de la démocratie, du pouvoir et de la liberté.

M. Guizot a consacré son existence au triomphe de la liberté ! de même que Casimir Périer fut à la tête de la résistance matérielle, c'est M. Guizot qui organisa la résistance morale ; il arma le pouvoir d'une redoutable légalité, pour suppléer à

l'autorité morale qui lui manquait; et son caractère logique, fier et inflexible, n'entendit point
adoucir les formes du commandement, ni dimi-
nuer la rigueur de son système, tant que les circonstances, qui l'avaient rendu nécessaire, n'auraient pas changé. M. Guizot est disposé à par-
donner aux partis vaincus, mais à la condition
qu'ils s'humilient devant lui; et la clémence ne
lui semble pusillanime, que parce qu'il ne juge
pas le pouvoir encore assez fort pour dédaigner
ses ennemis.

M. Thiers a des allures plus vives et plus har-
dies; tout lui semble consommé sans retour à l'intérieur, et il redoute peu les partis extrêmes; il
croit qu'une occasion, un prétexte même, suffi-
sent pour les rallier au gouvernement, et cette occasion, ce prétexte, il les demande au sentiment
national; un péril extérieur lui semble un gage
certain du rapprochement et de la conciliation
qu'il souhaite. Les embarras intérieurs ont eu encore plus d'influence que les évènements extérieurs sur les déterminations diplomatiques de
M. Thiers; voyant ses idées de transaction échouer

2

sans cesse, il s'est jeté dans la politique de diversion.

Tribun de la démocratie, M. Thiers est plus populaire que constitutionnel par ses instincts; admirateur passionné de Napoléon, il est pressé de vivre et d'agir comme son héros, et la charte de 1814 ne fut guère pour lui qu'un instrument. Après avoir réhabilité le principe démocratique dans son *Histoire de la Révolution*, il fonda le *National* pour en écrire les commentaires, et personnifia son principe dans le duc d'Orléans, à défaut du roi de Rome. Esprit délicat, élevé, entreprenant; caractère généreux, qu'aucune infortune ne trouva jamais froid; ennemi de toute réaction; infatigable au travail, fécond en ressources, étincelant de verve et d'audace; capacité immense qui voit tout, qui comprend tout, mais que sa fougue emporte parfois au-delà du possible: tel se présente le brillant rival de M. Guizot, tel est l'homme extraordinaire dont la France et l'Europe tiennent aujourd'hui le génie captif!

Préoccupé de relever le pouvoir par la politique belliqueuse de l'empire, M. Thiers voulut, à l'exemple de Richelieu, s'appuyer sur l'Angleterre pour dominer le continent ; mais, à l'instant décisif, l'Angleterre lui a manqué comme autrefois à Richelieu, quand ce grand ministre voulut reprendre contre la maison d'Autriche la politique protestante de François Ier, de Henri II et de Henri IV.

Associer moralement les masses populaires à la révolution de Juillet en les jetant au nom de cette révolution sur les champs de bataille est un sentiment très spécieux et qu'on taxerait à tort de matérialisme politique.

Le peuple n'a point eu, il faut le reconnaître, un intérêt bien sensible aux évènements de 1830 ; c'est la bourgeoisie seule qui s'est trouvée aux prises avec l'aristocratie, et le peuple n'a pris qu'une part fort indirecte à leurs querelles. Le peuple est aussi étranger à la richesse et à l'intelligence de la bourgeoisie qu'aux priviléges aristocratiques ; et si la politique rationnelle attache les classes éclairées, ces classes savent mieux en général discuter qu'obéir, et la discussion conduit souvent à l'ingratitude et à l'indifférence. Ajoutons que la bourgeoisie est par sa constitution encore moins favo-

rable à l'esprit de sacrifice et d'abnégation que l'a-
ristocratie, et qu'ainsi l'exercice du pouvoir est
exposé entre ses mains à manquer d'indépendance
et de grandeur.

Au contraire, quand les masses populaires se
sont identifiées au pouvoir, son action devient irrésistible, et il peut toujours braver les égoïsmes
particuliers dès qu'il s'agit de satisfaire à l'intérêt
général. Or, c'est la guerre qui identifie le plus
rapidement une nation avec le pouvoir qui est à
sa tête; l'armée est la carrière publique du peuple;
c'est là seulement qu'il agit par lui-même et qu'il
est le juge et le témoin de ses chefs ; les dangers de
la guerre, la gloire des combats, les accroisse-
ments de territoire frappent et subjuguent les
sens grossiers de la multitude : le peuple souffre
de l'augmentation des impôts et de la conscription;
mais ces charges sont oubliées quand la victoire
les accompagne. La guerre est donc favorable aux
pouvoirs qu'elle ne détruit pas, tandis que la paix,
en favorisant les progrès de la raison publique et
de la liberté, est plus propre à régler l'exercice
du pouvoir qu'à en asseoir les bases.

Si ces graves considérations expliquent les vues de M. Thiers, l'alternative terrible qu'elles renferment justifie victorieusement l'opposition de ses adversaires. La France possède un sens trop droit et trop sûr ; elle attache trop de prix à conserver intactes les conquêtes de la civilisation, pour que les dépositaires du pouvoir ne puissent pas attendre du secours du temps et de l'expérience le redressement de ses erreurs , et préférer l'autorité difficile et incertaine de la raison aux entrainements irréfléchis qui n'accroîtraient leur force qu'au détriment de toute sécurité. Tel est du moins, monsieur, le sentiment commun à tout le parti conservateur, et le lien qui unit dans les élections M. Molé, M. de Montalivet, M. Dufaure, M. Passy, vous-même enfin, au ministère du 27 octobre.

M. le comte Molé dont la chute a grandi la renommée, et qui a marqué son passage au pouvoir par les deux actes les plus mémorables de notre époque, la non intervention et l'amnistie, s'est associé à ce qu'il y eut d'intelligent et de modéré dans nos divers gouvernements depuis le Consulat. Après avoir accepté l'ascendant nécessaire de l'autorité impériale, il a soutenu la Restauration dans la partie bienfaisante de sa mission, la paix et la liberté ; et enfin, il n'a pas hésité à reconnaître la légitimité des faits démocratiques de 1830. Depuis la mort du prince de Talleyrand, M. le comte Molé est l'influence la plus considérable de la diplomatie française ; le nom de Mathieu Molé acquerra par lui un nouveau lustre dans nos annales, et il réunit la foi monarchique de son aïeul à l'esprit de sagesse et de conciliation de Michel de l'Hospital.

Vous, monsieur, en vous séparant de la cause de l'aristocratie, où paraissaient vous engager vos sentiments personnels et les relations premières de votre vie ; en soutenant la politique de l'amnistie et de la paix ; en conviant tous les partis à la concorde, et en leur proposant un plus large système de pouvoir et de liberté ; en n'épousant aucune faction ni aucune intrigue, et en faisant votre cause des intérêts publics de notre pays ; enfin, en combattant avec une égale fermeté les préjugés de la révolution et de la contre-révolution, vous avez révélé votre intuition profonde de notre époque, et vous vous êtes investi aux yeux de tous,

d'une puissance morale qui marquera votre arri-
vée aux affaires d'un nouveau caractère de progrès et d'amélioration. Vous serez apppelé au gouvernement comme M. Guizot et comme M. Thiers,
par le droit sacré de l'intelligence, et par les besoins sociaux dont vous serez le symbole. Dès aujourd'hui vous êtes l'homme des nouvelles générations; vous leur commandez par la parole comme
la royauté par le sceptre et par l'épée, et la tribune grandit, par votre présence, à la hauteur de
la chaire sacrée ; apôtre de la démocratie, votre
destin est de la moraliser, et d'ajouter à la connaissance de ses droits celle de ses devoirs.

Il y a deux politiques à suivre pour gouverner
les sociétés ; l'une qui exploite les mauvaises passions des hommes, l'autre qui excite et développe
les instincts généreux ; la première est la plus fa-
cile parce qu'elle répond mieux à la faiblesse humaine ; la seconde exige plus de patience et de
volonté, et il lui faut encore une plus grande profondeur de génie pour s'approprier toutes les forces
sociales, de manière à donner la sanction morale
du pouvoir à tous les efforts magnanimes. Cette

seconde politique sera la vôtre ; elle marche avec difficulté dans le sentier escarpé de la vertu, mais elle investit de la toute-puissance de l'opinion, et laisse pour consolation dans la défaite le témoignage de la conscience, le respect des contemporains et les bénédictions de l'avenir.

Vous n'exclurez personne de cette grande œuvre ; vous appellerez tous ceux dont elle tentera le dévoûment, et vous transformerez ainsi le parti conservateur à votre politique d'amélioration progressive, ou bien ce parti, dont la mission de préservation sera accomplie, se verra abandonné par l'opinion publique qui est le juge suprême des véritables principes de conservation ou de perturbation sociale. C'est en prenant le sentiment public pour point d'appui ; c'est en formant l'opinion générale que vous saurez conquérir et conserver le pouvoir. Vous poursuivrez votre marche sans souci des murmures ou des blasphèmes, et vous prouverez votre droit au commandement en sachant dompter vos plus légitimes mouvements d'indignation. Que vous importeront les injustices des partis ? vous serez récompensé par la gloire, et avec le règne du verbe, vous établirez le règne de la vertu. La France qui veut la paix, l'ordre, le mouvement, la stabilité, la fin de ses discordes, vous viendra en aide; et, à l'intérieur comme à l'extérieur, vous contracterez, selon le noble vœu du plus populaire de nos rois, *le mariage de la France avec la paix.*

La paix ! noble conquête de l'esprit moderne ; précieuse nécessité de la liberté ; victoire du droit sur la violence ; substitution de la force morale à la force matérielle ; pratique divine des préceptes que le Christ a annoncés à la terre il y a dix-huit siècles ; ère de la civilisation qui succède à l'ère de la barbarie; combien de temps encore, ô paix céleste ! seras-tu l'objet des sarcasmes des hommes qui profitent le plus de tes bienfaits ? combien de temps encore seras-tu reniée et méconnue sur la terre, et ton nom sera-t-il un titre d'opprobre pour tes sectateurs ?

Est-ce au milieu de la fumée des combats ? est-ce à côté de la voix tonnante du canon ? est-ce parmi les cris, le sang et les calamités de la guerre que la raison, la justice, l'intelligence étendront leur empire ? la pensée a-t-elle encore besoin de fer pour s'ouvrir un passage à travers les nations ? Depuis que les disciples de l'Évangile ont entrepris la conquête du monde par la seule puissance de la persuasion ou du martyre, la vérité n'a-t-elle pas trouvé pour se répandre un instrument plus prompt et plus irrésistible que les plus formidables armées, l'imprimerie, qui, multipliant la parole et la pensée, et franchissant avec la rapidité de la foudre les plus lointains espaces, pénètre dans les palais comme dans les chaumières, dans les plus sauvages solitudes comme dans les plus populeuses cités, parce que ce maître nouveau ne vient pas pour soumettre, mais pour convaincre ; parce qu'en régnant sur les esprits et sur les cœurs, il ne prétend pas à la domination terrestre, et qu'il aime mieux éclairer les hommes que les asservir ? Non, la guerre, ce fléau de Dieu, n'a plus de mission providentielle à accomplir sur la terre ; son œuvre divine est achevée ; l'invention de l'imprimerie et de la vapeur feront marcher plus sûrement le monde à l'unité, que les armées des Alexandre, des César, des Attila et des Napoléon !

Le maintien de la paix, depuis 1830, était conseillé par la sagesse, à l'Europe comme à la France.
A l'Europe, pour éviter des déchirements et des
catastrophes dont nulle prudence humaine ne pourrait assigner le terme ; à la France, pour poursui-
vre librement sa marche dans la voie progressive
où elle venait de s'engager. La paix nous conduit
avec certitude vers le but légitime de la révolution
de 1830, l'organisation de la démocratie, de la liberté, du pouvoir à l'intérieur; et, à l'extérieur,
la révision des traités de 1815, dans tous les points
où ils révèlent un imprudent abus de la force.

C'est la paix qui nous a permis de mettre immé-
diatement en pratique nos nouvelles institutions
représentatives, tandis que la guerre nous eût con-
traints d'inaugurer l'ère de la liberté par la suspen-
sion de toute liberté ;

C'est la paix qui livre à tout leur essor les influences intellectuelles, commerciales et industrielles qui ont présidé au mouvement de juillet ;

C'est la paix qui a consacré par la discussion les
conquêtes philosophiques et sociales dont nous
prenions possession, et qui a calmé l'efferves-

cence qui menaçait de nous entraîner au-delà des limites du juste et du possible ;

C'est enfin la paix qui a donné à la France et à l'Europe le temps de se connaître et de s'apprécier de sang-froid.

Par la guerre, l'Europe de 1830 eût été partagée entre deux factions politiques : la faction libérale et la faction monarchique ; l'une, la plus forte, la plus étendue, la plus compacte, dominée par la Russie ; l'autre formée de la France, de l'Angleterre, de la Belgique, de l'Espagne et du Portugal, mais dominée par l'Angleterre, sous peine de voir l'Angleterre se tourner contre elle.

Par la paix, nous obtiendrons des alliances fondées sur des principes de territoire et de nationalité, alliances plus solides et plus avantageuses que celles fondées sur les sympathies politiques.

Les alliances continentales seront toujours le véritable intérêt de la France. Napoléon a triomphé tant qu'il s'est borné à combattre l'Angleterre sur le continent ; son étoile n'a pâli que lorsqu'il s'est attaqué au continent lui-même.

Il faut encore nous souvenir que ce ne fut qu'après la destruction de la Ligue et la pacification de son royaume que Henri IV put songer à rendre à la France son ascendant sur la politique générale de l'Europe; mettons donc un terme à nos luttes intestines avant de nous créer des embarras extérieurs : alors, les rivalités de la Russie et de l'Angleterre nous profiteront à notre tour, et la France effacera le souvenir de Waterloo, en faisant reculer devant elle l'influence de l'Angleterre sur le Rhin, sur l'Ébre et sur le Tage; alors la Russie et la France se donneront la main et présideront à la civilisation du monde, l'une en Orient, l'autre en Occident.

N'oublions jamais que notre modération ajoute une immense force à nos principes, et gardons-nous, en blessant les nationalités des peuples étrangers par des idées de conquête, de changer en ennemis tous ceux que l'instinct des améliorations sociales portera tôt ou tard à rechercher notre alliance et notre amitié.

Si les aristocraties européennes s'étaient coalisées en 1830 pour extirper de notre sol nos institutions démocratiques, le drapeau tricolore serait

devenu partout contre elle un signal d'insurrection, et, comme le corps de Romulus, elles auraient
disparu dans la tempête !

Il n'est pas plus possible d'arrêter le cours des
destinées de l'humanité que de suspendre le cours
des heures, et ce qu'il y a de juste, de raisonnable
et de saint dans la mission des gouvernements,
c'est de régler la marche des sociétés de telle sorte
qu'elles suivent sans trouble et sans secousse leurs
développements successifs, et qu'elles échappent
également aux périls d'une immobilité contre nature, et à ceux qu'entraîne la fièvre des innovations
prématurées.

Les gouvernements européens ont été avertis
deux fois dans ce siècle, à dix années d'intervalle,
en 1821 comme en 1831, qu'ils étaient environnés
de matières inflammables, dont une étincelle pouvait faire surgir soudainement des incendies in-
commensurables. Qu'ils s'abstiennent donc, non
seulement de toute agression contre nous, mais
qu'ils évitent même, de peur de se rendre suspects
à leurs sujets, de manifester du repoussement pour
les institutions que notre état social comporte, et

qui sont, pour nous, aussi légitimes que peuvent l'être des institutions différentes chez les peuples dont l'état social implique d'autres besoins.

La Russie, l'Autriche, la Prusse, l'Angleterre elle-même, ne sont-elles pas aux prises avec des difficultés intérieures assez sérieuses, pour craindre de les accroître encore en s'immisçant d'une manière intempestive dans notre politique intérieure ?

La paix n'est pas moins nécessaire, on le voit, à l'Europe qu'à la France, et la paix seule, en maintenant l'autorité de la raison sur les affaires du monde, offrira des garanties égales de sécurité à ce double besoin de stabilité et de mouvement qui constitue l'ordre parfait des sociétés, selon les desseins éternels de Dieu.

D'où naissent donc les embarras sans cesse renaissants de notre politique à l'intérieur comme à l'extérieur ? Ces embarras ont leur source dans les préjugés qui règnent encore en France et en Europe sur la nature et le véritable caractère de notre révolution.

En France, nous ne comprenons pas que les

habitudes de suspicion contractées pendant nos luttes contre le pouvoir, quand celui-ci, dominé par des tendances opposées aux intérêts généraux, avait cessé d'être la personnification de la société, sont devenues un contre-sens et un anachronisme, depuis que le pouvoir est placé dans des conditions différentes.

Cet état de suspicion contre nature a cédé sous l'Empire à l'évidence de la nécessité, mais la réaction fut telle alors que la société ne se réserva aucune garantie, non pas contre des mauvais vouloirs impossibles, mais contre les entraînements et les erreurs inévitables d'un volonté unique et privée de toute communication avec l'opinion publique.

Entre l'esprit de suspicion ou de résistance rebelle envers le pouvoir et l'admission du contrôle constitutionnel des actes du pouvoir, il y a un abîme où sont tombées trois couronnes : celles de Louis XVI, de Napoléon et de Charles X.

La suspicion du pouvoir a engendré encore une autre sorte de préjugé, qui consiste à appliquer au gouvernement la maxime du laissez faire et du

laissez passer de nos économistes modernes, et
qui, appliquée à la politique, doit être repoussée
par tout homme d'état comme le principe le plus
faux et le plus funeste.

Ou le pouvoir est nécessaire, et alors son action
salutaire doit incessamment s'exercer et remplir
toutes les obligations morales que cette nécessité lui
impose ; ou bien il est inutile, et alors les hommes
peuvent être livrés sans contrainte à leurs passions, et tout gouvernement devient une absurde
tyrannie.

Ces préjugés de suspicion donnent aussi naissance à toutes les prétentions personnelles des
hommes investis d'un mandat législatif, et les dépositaires du pouvoir se trouvent ainsi réduits,
pour ne pas laisser leurs majorités sans cesse dis-
loquées par des intrigues, à satisfaire d'odieuses
exigences, et à se soumettre aux concessions les
plus funestes.

Il n'y a d'autre remède contre ces abus que
de détromper l'opinion publique des préjugés qui
la tiennent asservie, de telle sorte qu'elle prête
main forte au pouvoir, et l'investisse de son autorité

morale contre les coalitions qui chercheraient encore à usurper un caractère politique qui ne peut plus leur appartenir.

L'Europe, à son tour, est préoccupée de deux espèces de préjugés; les uns concernent le principe même du gouvernement de 1830 qu'elle considère comme ennemi du principe sur lequel reposent les gouvernements du continent; les autres se rapportent aux souvenirs de propagande et de conquête laissés par la Convention et l'Empire.

Or, le gouvernement de juillet, en proclamant le principe de non intervention et le respect des traités, a repoussé toute solidarité avec la Convention et l'Empire dont les traditions semblent l'héritage exclusif de l'opposition; et il est encore absolument inexact que la charte de 1830 soit plus dangereuse aux royautés européennes que la charte de 1814.

Ces deux chartes reconnaissaient également le principe de la liberté d'examen; et celle qui a mis fin à l'antagonisme du pouvoir électif avec le pouvoir héréditaire est naturellement la moins dangereuse au principe monarchique.

Le pouvoir électif et le pouvoir héréditaire n'ont été en guerre que lorsqu'ils étaient l'un et l'autre l'expression de deux tendances opposées, dont l'une s'inspirait des faits accomplis et de la vérité sociale, et l'autre, au contraire, remontant à la tradition historique, s'imaginait que le progrès consistait uniquement à transformer le pouvoir absolu de l'ancienne royauté française, d'après le type du constitutionnalisme aristocratique de l'Angleterre, au profit des débris d'une noblesse réduite à l'état d'un fantôme sans corps, et d'un être de raison plutôt que d'un être réel.

Le pouvoir électif ne fut hostile à la royauté, sous la Restauration, que parce que la royauté lui semblait trop favoriser les intérêts de cette fantastique aristocratie, et que la charte était devenue la place de sûreté des intérêts de la nouvelle société et des nouvelles mœurs françaises.

Les élections de 1830 ont constaté la victoire des intérêts démocratiques sur les intérêts aristocratiques; mais le maintien du principe monarchique a prouvé que l'institution monarchique ne fut jamais sérieusement en cause, et le parti vainqueur n'a pas craint d'appeler tout haut ces luttes politiques contre la royauté *la comédie de quinze ans*.

Le pouvoir royal fondé en 1830 est appelé à jouir d'autant plus d'autorité qu'il inspire plus de confiance par son harmonie avec les intérêts généraux du pays, et parce qu'il est l'expression du même besoin qui remit le sceptre impérial entre les mains de Napoléon.

Une expérience de douze années a prouvé à l'Europe que ni les chambres ni la presse n'avaient rien de redoutable à l'ordre monarchique en France, et que leur caractère menaçant avant 1830 avait pour cause l'antipathie de la démocratie pour les institutions aristocratiques que la Restauration s'efforçait de rétablir.

Autant le mouvement de la réforme religieuse au seizième siècle était une réaction de l'esprit d'indépendance aristocratique contre le principe d'autorité, autant le mouvement philosophique et politique du dix-huitième siècle fut une réaction de l'esprit démocratique contre les priviléges aristocratiques. En France, la cause de la monarchie s'est trouvée fatalement confondue, en 1789, avec la cause de l'aristocratie ; tout l'effort des royautés européennes doit donc tendre aujourd'hui à séparer leurs destinées de celles de l'aristocratie. Le principe monarchique sera partout hors de cause, quand il se dégagera de toute solidarité avec le principe aristocratique.

La révolution d'Angleterre, en 1688, était bien plus menaçante pour les royautés européennes que la révolution de 1830. En Angleterre, l'aristocratie usurpa la place de la royauté ; en France, la démocratie se couvrit de la royauté comme d'un bouclier. La révolution anglaise s'opéra au nom de l'indépendance aristocratique ; la révolution française eut pour devise, *l'égalité devant la loi*, seul libéralisme fécond et sincère.

L'aristocratie anglaise a pu soulever l'Europe contre les projets de domination universelle de Napoléon ; mais le renouvellement de cette tentative serait insensé envers notre gouvernement actuel. Louis-Philippe, en attaquant l'Europe, aurait peut-être succombé sous le nombre ; attaqué au contraire par l'Europe, tous les peuples se lèveraient pour lui, et la France apparaîtrait aux nations comme la providence terrestre de l'humanité.

La révolution française est donc plutôt une révolution sociale qu'une révolution politique. Les anciennes divisions du territoire et les anciennes distinctions de caste subirent le même sort; la royauté féodale, après avoir tout absorbé dans son unité, fut absorbée à son tour par l'unité nationale qui s'est personnifiée tour à tour dans Louis-Philippe et dans Napoléon.

Expression des intérêts généraux et permanents du pays, la royauté moderne est encore le seul arbitre légitime de nos querelles. La faction bourgeoise, la faction aristocratique, la faction populaire sont toutes trois également égoïstes et tyranniques par leurs instincts; la royauté peut seule, en dominant ce qu'il y a d'excessif dans leurs passions, maintenir notre unité politique, et nous ramener plus tard à l'unité morale où la France retrouvera toute sa force et toute sa grandeur.

La charte et le code civil ont réalisé pour nous la brillante chimère de l'égalité des conditions!

l'égalité des partages, l'égalité de l'impôt territorial et de l'impôt des patentes, l'assiette générale
de l'impôt sur toutes les propriétés, quelle qu'en
soit la nature ou le titre de possession, consti-
tuent tout un système, et révèlent l'ordre diffé-
rent des besoins et des destinées de l'ancienne et
de la nouvelle société.

Autrefois la terre était tout et l'homme rien;
tout appartenait à la terre et tout était combiné
pour maintenir dans les mêmes mains la propriété;
autant l'agriculture et le métier des armes étaient
en honneur, autant les professions industrielles
étaient méprisées ou même en butte aux plus oné-
reuses vexations. Aujourd'hui tout est changé : la
terre se divise, comme les capitaux, entre tous les
membres de la même famille ; l'industrie, le commerce, la propriété jouissent des mêmes priviléges; toutes les charges et toutes les professions
sociales sont également réparties et également res-
pectées; tous les emplois, tous les honneurs sont
admissibles à tous ; que l'on s'illustre par les travaux industriels, par les travaux de la pensée ou
par les travaux guerriers, on participe aux mêmes

distinctions et aux mêmes récompenses ; les Lafitte, les Casimir Périer, les Thiers, les Dalmatie,
les Rigny, les Trévise s'élèvent également à la pairie ou à la présidence des conseils du roi. Tout se
fond, tout se renouvelle, tout devient personnel,
et c'est ce caractère de mobilisation incessante qui
distingue essentiellement la démocratie de l'ancien
système d'immobilisation aristocratique.

La terre est en ce moment menacée de la
même oppression qui pesait jadis sur les capitaux, et les capitalistes jouissent des anciennes
immunités attribuées aux fiefs. Il y aurait autant
d'injustice que de danger à favoriser les capitaux
au détriment de la propriété, et l'effet immédiat
d'un tel système serait de détourner les capitaux
de l'industrie agricole qui les réclame, et qui sera
toujours en France la source la plus sûre de la
prospérité publique.

Cette réaction du commerce et de l'industrie
contre la propriété s'explique par les priviléges
dont la Restauration prétendit l'investir. En effet,
l'histoire de la Restauration est tout entière dans

l'ordonnance de juillet qui privait les patentés des droits politiques.

Si l'on se reporte par la pensée aux discussions de la chambre introuvable, aux projets de loi de M. de Peyronnet, aux révélations posthumes des amis de M. de Villèle, on verra que, par différents moyens, tous les ministres royalistes de cette époque ont tendu au même but : la reconstitution d'une aristocratie terrienne.

M. de Villèle, en proposant le vote universel à plusieurs degrés, poursuivait, en 1815, le même but que le prince de Polignac, par les ordonnances de 1830, la constitution de l'influence territoriale à l'exclusion de celle des capitalistes et des industriels ; et nous entendons tous les jours l'ancien organe de M. de Villèle, la *Gazette de France*, répéter que l'ordonnance du 5 septembre a seule pu empêcher la chambre introuvable d'adopter la réforme électorale qu'elle ne craint pas de proposer encore aujourd'hui.

Qu'était-ce donc que l'exclusion des capitalistes et des industriels de la vie politique ? c'était la proscription des travailleurs, de la partie la plus active de notre société, en un mot, de tous les intérêts créés et développés par la paix.

La prééminence de la terre sur les capitaux était un système vrai avec la conquête et pour la conquête. Que Sully, pour créer une nation de soldats, favorisât plus l'agriculture que l'industrie ; que Napoléon, dans le même but, suivît les mêmes errements ; cela se conçoit ; mais quelle fut l'erreur de la Restauration d'espérer qu'avec la paix et avec l'élection, elle pourrait relever un système détruit dans sa partie décrépite, en 1789, et dans sa partie jeune et vivace, en 1814 et 1815, quand ce système, repoussé par nos mœurs nouvelles, recevrait encore une impopularité particulière de ceux qui allaient l'exercer.

M. de Villèle accrut la richesse des classes commerçantes et industrielles sans satisfaire aucun de leurs intérêts moraux, et il tourna ainsi contre le pouvoir les influences que tous ses efforts tendaient à développer.

Les idées de M. de Chateaubriand pouvaient seules donner quelque chance au système territorial dont l'impopularité eût peut-être momentanément cédé au prestige de la gloire militaire; la vanité nationale eût imposé silence aux vanités et aux intérêts individuels; et il est encore très douteux que ce système eût longtemps résisté, même après la révision des traités de 1815, aux exigences des intérêts nouveaux qui voulaient des satisfactions morales dont la légitimité ne semblait pas admise par le gouvernement.

La restauration fut plus opposée à la démocratie qu'à la liberté, et la liberté, dans une semblable lutte, ne pouvait manquer bientôt de devenir factieuse; s'isolant de plus en plus du pouvoir, elle planait sur lui comme une menace permanente d'asservissement et d'usurpation : la première coalition parlementaire devait emporter le gouvernement.

Ce mouvement devait aussi tranformer le bonapartisme en libéralisme, transformation qui sembla d'abord étrange et anormale, mais dont l'instinct démocratique et les nouvelles formes politiques donnèrent bientôt le sens naturel et l'explication.

Le principe démocratique, ayant prévalu sur le principe aristocratique, domina tous les pouvoirs et effaça des lois les dernières traces des priviléges. L'hérédité de la pairie, les sublitutions, les majorats, le double vote lui-même, tout disparut à la fois ; et la royauté, la pairie, la chambre élective reçurent en même temps le baptême populaire. L'hérédité politique ne fut conservée à la royauté que parce qu'elle est l'image de la perpétuité d'un peuple et la seule garantie de calme et de sécurité dans la transmission du pouvoir.

Le pouvoir et la liberté cessèrent dès ce jour d'être ennemis ; le pouvoir se manifesta par la centralisation dont la royauté est le symbole, et la liberté par le contrôle des chambres et de la presse sur les actes du pouvoir. La démocratie, privée de la force de cohésion inhérente aux principes aristocratiques ne peut avoir de puissance qu'en s'incarnant dans un chef, dans un dictateur ; et la plus douce comme la plus éclairée des dictatures, c'est la royauté héréditaire.

La concentration des pouvoirs dans les mains de la royauté nous est également nécessaire, soit pendant la guerre, soit pendant la paix ; pendant la guerre, pour le salut de notre indépendance nationale ; pendant la paix, pour la sécurité de nos fortunes : la stabilité n'est pas moins nécessaire aux opérations industrielles et commerciales qu'aux opérations militaires.

Les deux chambres fixent le chiffre de l'impôt, et sont à divers titres et à divers degrés les organes réguliers et les interprètes officiels de l'opinion publique ; elles tiennent la place des états généraux, des parlements, enfin de tous les anciens corps intermédiaires entre la royauté et la nation.

Autant leurs conseils et leurs avis sont salutaires, autant leur intervention directe dans les affaires serait funeste. L'impuissance fatale de la Gironde montre le sort réservé à toute assemblée qui tenterait de se séparer du pouvoir royal.

Dans l'état d'anarchie morale qui existe aujourd'hui, tout gouvernement serait bientôt écrasé par la responsabilité de ses actes, si notre constitution n'avait pas consacré la doctrine de l'irresponsabilité royale, doctrine repoussée, il est vrai, par nos traditions, nos instincts, nos mœurs mêmes ; mais qui est peut-être une nécessité du régime de liberté, et qui prévient les révolutions en soumettant le gouvernement à toutes les oscillations des majorités électives, et en rendant la nation elle-même solidaire des actes de son gouvernement.

Quand l'inconvénient de ces continuelles oscillations du pouvoir sera mieux apprécié, le gouvernement acquerra plus de stabilité, et l'harmonie morale renaîtra ainsi à mesure que nos préjugés disparaîtront.

Ce qui manque à nos institutions, c'est un principe de hiérarchie qui, faisant une juste part aux inégalités sociales, mette un terme à leurs inimitiés actuelles, et excite entre elles une heureuse émulation que détruirait le nivellement absolu.

Le principe de hiérarchie est à la démocratie ce que le principe d'hérédité est à l'aristocratie, la règle et la constitution de l'ordre moral.

La démocratie française juste, généreuse, amie de la gloire et de la grandeur, ne saurait repousser le principe de hiérarchie qui favorise l'élévation générale de la société. Ce qui nuit encore à la démocratie, ce sont les habitudes révolutionnaires qu'elle a contractées dans ses dernières luttes; mais elle est trop accessible à l'admiration et à l'enthousiasme pour ne pas accorder à toute véritable supériorité les hommages qui lui appartiennent, et elle se façonnerait plutôt d'indignes idoles que de se résigner à avoir le cœur vide de tout culte et de tout amour. Non, le mérite et la vertu ne seront jamais frappés d'ostracisme sur la noble terre de France, et nos villes se changeront en déserts, avant que notre exaltation naturelle tourne à l'indifférence. C'est cette exquise organisation de l'instinct national qui fera toujours de la France le théâtre où les grandes renommées jouiront le mieux d'elles-mêmes, et qui les empêche d'avoir foi à la gloire dont elles n'ont pas reçu parmi nous la consécration.

Ce qui nous préservera toujours des tendances vulgaires de la démocratie américaine, c'est notre position militaire en Europe, c'est notre goût des jouissances intellectuelles, c'est la mission civilisatrice qui distingue notre nation, et dont elle ne saurait se dépouiller sans déroger. Le culte de l'utile ne saurait jamais se substituer chez nous au culte du beau, et la France restera le flambeau du monde.

Ceux qui s'autorisent de certains faits pour accuser notre démocratie de matérialisme sont des esprits superficiels ; ils ne voient pas qu'à côté de ces faits particuliers et exceptionnels dont ils argumentent, il y a un fait universel de labeur et de souffrance que le sentiment moral permet seul de soutenir, et qui nous porte à préférer les charges lourdes et pénibles de notre révolution à l'état plus paisible et plus doux des sociétés qui demeurent attachées à leurs anciennes formes sociales par amour du bien-être matériel.

Les partisans des principes d'une hiérarchie mobile et personnelle ont été appelés *torys* (1)

(1) Voici comment s'exprimait la *Gazette de France*, le 25 mai 1841, à l'occasion de mon parallèle entre M. de Lamartine et M. Berryer. Ses assertions ont été bientôt démenties par plusieurs journaux constitutionnels de Paris, et par tous ceux des départements ; le lecteur est à même d'en faire ici justice :

« Le torysme est la pensée constante du pouvoir actuel,

en opposition avec les partisans de l'ancien ordre de choses qu'on désigne sous le nom de *jacobites*, et cependant rien ne serait plus faux et plus absurde que l'importation du torysme en France.

Les torys anglais, en acceptant l'établissement de 1688, en ont fait un instrument de défense pour leurs priviléges aristocratiques ; ils ont placé

« et c'est en effet une conséquence des révolutions faites à
« l'instar de 1688. Les tentatives pour changer en torys les
« royalistes français, commencées par M. Molé au temps de
« Munagori et de Maroto, ces tentatives n'ont jamais été
« abandonnées. M. Guizot a voulu reprendre les errements
« de M. Molé, et *la Presse*, organe de ces deux ministres,
« soutient aujourd'hui que les royalistes ne sont pas repré-
« sentés par les journaux royalistes, et qu'elle est obligée
« d'ouvrir ses colonnes à une brochure tory qui, sans cela,
« ne trouvait pas d'organe. »

Voici ce que dit ce journal :

« Nous avons dit que les hommes sages, prévoyants,
« éclairés, considérables, qui composent la grande majo-
« rité du parti légitimiste, qui mettent les principes mo-
« narchiques au-dessus des prédilections dynastiques, qui
« sont trop sincèrement nationaux pour souhaiter jamais
« le triomphe de leur opinion au prix d'une révolution ou

le gouvernement dans la chambre des lords dont
la chambre des communes n'est guère, même depuis la réforme, qu'une émanation et un annexe,
et ils ont sans cesse affaibli l'action de la couronne
pour fortifier l'influence aristocratique. Toute leur
politique consiste à conserver comme un dépôt
religieux leurs institutions féodales du moyen
âge.

« d'une invasion nouvelle , n'avaient pas d'organe dans la
« presse périodique, et n'étaient représentés ni par la *Ga-*
« *zette de France*, ni par *la Quotidienne*, ni par *la France ;*
« en voici une preuve fournie par ces journaux eux-mê-
« mes. Aucun d'eux n'a pu, sans se contredire, insérer
« l'article suivant, dans lequel M. le baron Gustave de Ro-
« mand, qui appartient à l'opinion légitimiste modérée, et
« qui est l'auteur d'un écrit auquel les hommes les plus
« éminents de ce parti ont donné leur adhésion, compare
« la conduite politique de M. Berryer à celle de M. de La-
« martine; il a fallu que M. de Romand fît imprimer cet
« article à part : son impartialité, qui lui a fermé les colonnes
« des journaux légitimistes, lui ouvre les nôtres. »

« Nous aimons à constater, ajoute la *Gazette*, qu'il n'y a
« de journal tory que *la Presse*, et de tory en France que
« M. de Romand. »

Les royalistes de la démocratie française peuvent, au contraire, regretter la lésion que le ren-
versement de la légitimité historique a faite au
principe monarchique, mais ils répudient toutes
les institutions aristocratiques de l'ancienne
royauté, et ils demeurent attachés au principe
monarchique en dehors de toute question de personne, comme à l'ancre de salut de la société française.

Ces hommes sont appelés à améliorer ce qui
existe ou à devenir les fondements de tout gouvernement régulier, et ils sacrifieront toujours
leurs sentiments et leurs avantages personnels aux
nécessités politiques du présent et de l'avenir.

Le torysme n'a donc rien de commun avec les
principes des royalistes de la démocratie, et il
n'existera jamais en France, parce qu'aucune institution aristocratique n'y saurait jamais revivre.

L'unique ressource des individualités qui ont
survécu au naufrage de l'aristocratie est donc, au
lieu de s'isoler, de se fondre dans la société et d'y
prendre la part d'influence qui leur est due en rai-

son de leur mérite, de leur éducation ou de leur
fortune.

N'est-ce pas l'exercice des grandes charges de l'É-
tat et le déploiement des grands talents et des grands
caractères qui ont fait jadis l'illustration de toutes
les familles aristocratiques, et si ces familles sont
déchues en France de leur ancienne position,
n'est-ce pas surtout parce qu'elles ont eu l'impru-
dence de se séparer des grandes illustrations modernes, au lieu de se les assimiler, comme l'a fait
constamment l'aristocratie anglaise?

Les plus grands noms de l'ancienne société ne
se maintiendront dans l'estime publique qu'en
concourant, avec les hommes éminents de la démocratie, au service de l'État, et cette nouvelle
carrière doit surtout tenter la noblesse de pro-
vince, dont les priviléges se réduisaient depuis
longtemps à se ruiner à la guerre au profit des fa-
voris de la cour.

La démocratie n'a enveloppé la noblesse de pro-
vince dans la même proscription que la haute aristocratie que parce que les gentilshommes de pro-
vince ont eu la vanité d'identifier leur cause avec

celle des grands seigneurs, tandis qu'ils avaient tout à gagner à la réforme de l'aristocratie parasite et bâtarde qui, depuis Richelieu, n'obtenait plus que par ses complaisances et ses adulations les faveurs qu'elle arrachait autrefois à la royauté par ses violences.

Il importe d'ailleurs de distinguer l'aristocratie de race d'avec l'aristocratie de position. Cette dernière peut durer longtemps encore dans les pays où elle existe, parce qu'elle repose sur des bases réelles. L'aristocratie de race n'est quelque chose que dans les pays où l'on perd son rang de noblesse par des mésalliances. Nos grands seigneurs prétendaient, au contraire, se mésallier ou se ruiner à leur gré en conservant la même supériorité sociale, et cette prétention révolte le bon sens.

La race aristocratique s'est épuisée à la guerre et à la cour : diminuée de nombre et de richesses, généralement inhabile aux travaux de la paix, comment pouvait-elle aspirer à dominer éternellement le tiers état qui avait pour lui le nombre, la fortune, la science, les talents, l'industrie, l'habitude de l'économie et du travail?

Il n'y a rien de l'homme en ceci, c'est une œuvre de Dieu, et l'aristocratie, en se résignant à son sort, garde encore une part assez belle dans le concours qui lui reste ouvert.

La démocratie française se préservera du retour de ses anciennes erreurs; elle opposera son désintéressement et sa générosité aux passions égoïstes et révolutionnaires dont elle a été la première victime, et c'est ainsi qu'elle forcera l'admiratiou de ses détracteurs. Se soumettant, dans l'intérêt de sa gloire, aux principes de hiérarchie sans lesquels la civilisation déclinerait entre ses mains, elle saura s'imposer des bornes et des règles, pour mieux s'assurer l'empire qu'elle a conquis par l'œuvre patiente des siècles. Le pouvoir, la liberté, le respect de la famille et de la propriété, les droits du riche et du pauvre, du maître et de l'ouvrier, seront également sacrés pour elle, et elle montrera que l'égalité devant la loi, consacrant toutes les inégalités naturelles, sait respecter partout les droits acquis et conduit à cette parfaite organisation où la justice est unie à la grandeur.

La société et le pouvoir ont des devoirs récipro-

ques : il faut que la société substitue à la fièvre
d'orgueil et d'envie qui l'agite des sentiments de
modération et de fraternité chrétienne; que l'esprit de dévouement et de sacrifice prenne la
place de l'égoisme et de la cupidité, et que l'idée
de parvenir n'empêche pas de maintenir ce qui doit
être maintenu.

Il faut que le pouvoir, à son tour, s'occupe
sans relâche des besoins moraux et matériels du
peuple; que non content de veiller à la salubrité
publique, et d'ouvrir aux malheureux des asiles
de bienfaisance, il soit jaloux de leur accorder les
consolations de la religion, la protection des lois,
les ressources de l'instruction, enfin de satisfaire
le sentiment national qui nourrit et entretient le
patriotisme.

Tels sont, monsieur, les sentiments généreux
que vous avez pris pour guides dans les discussions
solennelles auxquelles vous vous êtes associé pendant la dernière session de la législature dont le
mandat est près d'expirer.

Cette session, malgré le caractère indécis de ses
ajournements, est encore celle qui fait le plus d'hon-

neur à la chambre de 1839, dont toute l'existence s'est ressentie des tristes circonstances qui avaient présidé à son élection.

Après avoir épuisé toutes les nuances de la coalition, cette chambre, qui avait renversé à si grand bruit le ministère du 15 avril, a craint de se parjurer elle-même en rappelant aux affaires cette administration honorable ; et, malgré ses velléités de changements et d'intrigues, malgré son état permanent d'agitation, elle peut se rendre le témoignage de n'avoir pas cessé un seul instant d'entourer d'un concours imposant le cabinet du 27 octobre qu'elle ne pouvait pas changer sans rétracter ses actes précédents.

Au milieu de cette chambre sans énergie ni pour le bien ni pour le mal, vous avez été, monsieur, digne de vous-même et digne des applaudissements de la France. Vous avez su vous élever au-dessus de la situation qui vous enchaînait, et, à défaut d'actions, vous avez édifié votre pays par vos paroles. Fidèle à votre devise de progrès, de pouvoir, de liberté, de paix, de civilisation, d'honnêteté politique, vous avez soutenu vos principes en

dehors des cabales et des brigues ; on a pu se servir de vos paroles dans des intérêts de parti ; mais
vous n'avez jamais parlé que dans l'intérêt seul de
la vérité.

Qu'il s'agisse de la question des incompatibilités
parlementaires ou de la réforme électorale, des
chemins de fer ou du droit de visite, toujours c'est
la même impartialité, la même droiture, la même
profondeur, la même abnégation personnelle, la
même magnificence de sentiments, d'idées et de
langage.

Vous avez repoussé le principe des incompatibilités comme entaché de cette tendance funeste
du vieux libéralisme à suspecter sans cesse le pouvoir ; vous pensez avec raison que ce ne sont pas
les lois de défiance et de suspicion contre l'honneur et la morale publique qui relèvent les mœurs,
et que l'indignité est mal combattue par la lettre
morte d'un texte. La garantie des caractères, le
frein de l'opinion, l'autorité des exemples, vous
semblent plus efficaces que toutes les précautions
du législateur, et vous avez voulu maintenir la plé-
nitude des droits de l'élection et la bonne présomp-

tion en faveur des choix du pouvoir. Si la confiance du pouvoir devait rendre indigne de la confiance du pays, le service de l'État cesserait d'être un titre d'émulation et d'honneur, et cette réprobation attesterait le plus grave désaccord, sinon une complète incompatibilité, entre un pays et son gouvernement.

Président de la commission des chemins de fer, vous avez puissamment coopéré à la confection et à l'adoption de cette loi d'urgence et de première nécessité, et vous avez été en droit de répondre à ceux qui vous reprochaient les imperfections de la loi que ce n'était pas vous qui, en 1838, aviez empêché la promulgation d'une loi meilleure. Aujourd'hui vous avez tiré le meilleur parti possible de la situation, et vous avez établi pour l'avenir, comme principe des grandes entreprises d'utilité publique, l'exécution par l'État.

Étranger aux récriminations des différents cabinets sur la part de responsabilité qui leur revient dans le traité du 20 décembre 1841 sur le droit de visite, vous avez conseillé au ministère du 27 octobre de ne point ratifier ce traité à cause *de l'é-*

motion et de la susceptibilité juste, légitime, natu-
relle de la France, non pas contre l'esprit même de
ce traité, mais contre la date, contre l'opportunité
de ses stipulations.

Mais, monsieur, c'est en discutant la réforme électorale, c'est en pénétrant les profondeurs de cette vaste question et en agrandissant le cercle étroit où la proposition de l'adjonction des capacités l'avait enfermé, que vous avez le mieux dessiné votre politique et révélé toute l'étendue de l'horizon embrassé par vos regards.

Sans avoir formulé aucun système, vous avez posé les principes généraux qui dominent la question, et fait toucher du doigt ce qui manque à notre loi d'élection actuelle.

La loi électorale de 1831 est le complément démocratique de la loi de 1817; l'abaissement du cens à 200 francs et l'abolition du double vote lui donnent un caractère de progrès; mais sa principale valeur tient aux circonstances, et son mérite de transition peut seul justifier ce qu'elle conserve d'absolu et d'arbitraire.

Déterminer les droits politiques d'un peuple par

la fixation d'un cens arbitraire, c'est blesser tout
ce qui se trouve en dehors, et vicier, même en la
proclamant souveraine, l'aristocratie de l'argent
qui est la plus sotte des aristocraties.

Les lois électorales de 1817 et de 1831 ont eu
pour but d'investir d'une sorte de dictature morale la classe moyenne, qui était alors la seule bar-
rière capable de résister aux tendances de l'aristocratie et aux entraînements démagogiques. L'ex-
cellence et la légitimité de ces lois consistaient uniquement dans cette nécessité essentiellement tem-
poraire.

En respectant ce grand fait, est-il donc encore
impossible de le mieux régler et de soumettre à
une même hiérarchie les droits de la propriété, des
capitaux et de l'intelligence ?

L'admission des capacités intellectuelles à l'exercice des droits politiques est légitime au même
titre que le fut l'admission des capitaux aux anciens priviléges de la propriété. Pourquoi donc
un diplôme universitaire serait-il moins considéré
qu'une patente ? Le diplôme et la patente ne sont-

.ils pas également la représentation d'un travail et d'un capital, enfin le gage d'un titre réel au droit qui en est le prix ?

Cependant l'égalité des droits serait elle-même une injustice, s'il n'y avait point égalité de titres ; Or, tout est inégal dans le domaine de l'intelligence comme dans le domaine des faits, et même dans l'activité des différents membres de la communauté civile.

Il s'agit donc de substituer au principe d'arbitraire aveugle, de l'ancien comme du nouveau système, le principe de la hiérarchie, véritable règle de la démocratie, transaction du droit naturel avec le droit social, véritable et unique harmonie entre ces deux droits.

Quelque légitime que soit l'adjonction des capacités, comme elle affaiblit le principe de la loi électorale actuelle, elle empirerait cette loi au lieu de l'améliorer, si elle se produisait seule et sans introduire avec elle l'élément hiérarchique qui la complètera.

Il est donc regrettable, monsieur, qu'en vous prononçant pour le principe de réforme, vous vous soyez abstenu d'en présenter l'application, et le cabinet du 27 octobre me semble avoir été bien inspiré en repoussant, comme inopportun et intempestif, un changement qui, restreint dans ces termes étroits, n'offrait plus rien de vrai ni de fécond. Il valait mieux ajourner une aussi grave question que de mal la résoudre, et il était plus sage de s'abstenir que de s'exposer à voir détourner de son but la tentative d'amélioration la plus désirable.

Ce n'est pas vous, d'ailleurs, monsieur, qui penserez jamais qu'il soit nécessaire de changer les lois électorales pour changer l'esprit des majorités; ces impatiences révolutionnaires sont démenties par l'expérience et l'autorité des faits. N'est-ce pas la même loi d'élection qui avait donné, sous la restauration, une majorité de trois cents voix à M. de Villèle, qui suscita contre lui, en 1827, la majorité qui le renversa, et, en 1830, cette autre majorité qui renversa Charles X. Les intérêts sérieux et légitimes d'un pays prévalent donc par la seule force de l'opinion publique, et nos institutions actuelles peuvent suffire à tout, sans qu'il soit nécessaire de recourir à la violence.

La coalition a imprimé au pays un mouvement rétrograde ; nous sommes revenus tout-à-coup de dix ans en arrière, et M. Guizot, en prenant la place de M. Thiers, en 1840, s'est trouvé dans une situation pire que celle de Casimir Périer, lorsqu'il succéda à M. Lafitte, en 1831. Le ministère du 1er mars, avec l'ambition de revenir aux exploits de l'empire, s'était placé sur une pente fatale qui pouvait nous précipiter, malgré lui, vers une nouvelle convention. En abordant avec le plus ferme courage les difficultés de sa position, en imprimant l'impulsion la plus énergique à l'exécution des lois existantes, M. Guizot n'a point demandé, comme au 6 septembre, de nouvelles armes de résistance pour le pouvoir ; et cependant, combien nous sommes encore éloignés de l'esprit de calme et de conciliation qui signala l'avènement de l'administration du 15 avril ! C'est là que M. Guizot doit tendre sans cesse ; c'est là qu'est le progrès ; ce sont là les plus beaux fruits de la paix ; espérons que la récente accession d'un ministre du 15 avril au cabinet actuel nous en apporte l'heureux présage !.....

Le ministère du 27 octobre est né de la nécessité de la paix ; le maintien de la paix fut la partie la plus essentielle de sa mission, et l'accomplissement de cette tâche est un service éminent qui rachète les plus grandes erreurs de la coalition. Le parti de la paix va donc se trouver, dans les colléges électoraux, en face du parti de la guerre, et c'est la question de la paix ou de la guerre que les prochaines élections sont appelées encore une fois à décider. Les candidats ministériels, c'est la paix ; les candidats de l'opposition, c'est la guerre ; toutes les nuances du parti conservateur s'effacent devant cette extrémité, et les candidats conservateurs offrent d'autant plus de titres à la confiance des électeurs, qu'ils sont aujourd'hui soutenus par les mêmes hommes qui les ont combattus en 1839. C'est aussi un beau triomphe pour le parti de la paix, que de montrer à sa tête le plus glorieux vétéran de l'empire, le vainqueur d'Austerlitz et de Toulouse, l'illustre maréchal duc de Dalmatie ! L'éclatante renommée de ce héros atteste que le parti de la paix n'accepte point la paix à tout prix, et ne souscrira jamais à l'abaissement de la France.

Si le parti conservateur est fier à bon droit de la noble persistance de ses efforts pour maintenir la paix, quelle part de ce magnifique évènement ne revient pas au prince que la Providence elle-même semble avoir suscité pour le salut du monde ? Vous l'avez dit avec vérité, monsieur, *la France cherchait un roi en 1830, et par hasard elle a rencontré un homme ; il fallait un sage pour se dévouer à la paix ; c'était l'héroïsme de l'intelligence !*

Dans les temps de transition, quand les anciennes mœurs sont affaiblies ou détruites, et que les nouvelles manquent encore d'énergie et de virtualité, les grands hommes suppléent à ce qui manque aux institutions, et font pencher la fortune du côté où ils se portent ; tel Louis-Philippe sera jugé par l'histoire. Sa constance et sa pénétration sont telles, qu'il semble revêtu de cette force qui vient d'en haut. La France a profité de sa longue expérience de l'adversité ; véritable messie de la paix, il a obtenu par elle ce que Napoléon demanda vainement au génie des combats.

Ce règne a un caractère de préservation plutôt que d'action : progrès social et humanitaire, il offre le premier exemple d'un grand changement opéré sans désordres, sans guerres, sans confiscations et sans échafauds.

La consolidation et l'organisation des intérêts démocratiques, telle fut la pensée de Louis-Philippe ; la révision des traités de 1815 sera la tâche de ses successeurs.

Si la volonté royale n'eût point répondu aux instincts nationaux, les majorités parlementaires l'eussent avertie par leurs manifestations ; mais les majorités ont toujours secondé ces admirables vues.

La royauté était le seul gage de stabilité qui nous restât au sein de l'instabilité politique d'une démocratie mal assise et incertaine de sa marche, et ses actes attestent qu'elle possède la plus profonde intelligence de cette loi de conservation qui est le premier titre de son autorité.

Le pouvoir d'un fondateur de dynastie tient de la dictature ; mais son héritier, ajoutant un titre héréditaire au caractère social dont il est l'expression, est vraiment roi, et peut tout entreprendre s'il a foi en lui-même et en sa mission. Que le duc d'Orléans soit fidèle à l'œuvre de son père, et, loin d'être ébranlé par aucun obstacle, il s'élèvera d'autant plus qu'il rencontrera plus de difficultés sur sa route; son titre au pouvoir sera supérieur à tous les titres, et ses ennemis eux-mêmes verront bientôt en lui l'homme de la nécessité.

L'Empire a été renversé par l'insurrection générale des idées de droit et de justice qu'il crut étouffer par un immense déploiement de puissance matérielle. C'est le doute de la force morale dont les évènements l'avaient investi qui a conduit Napoléon à l'exagération insensée de la force brutale, et au mépris systématique et absolu de tout droit et de toute justice. Il traita en ennemis les meilleurs auxiliaires de son pouvoir, les principes qui constituaient sa légitimité.

L'athéisme moral et politique des contemporains de Napoléon peut seul expliquer l'inconcevable aberration de ce vaste génie et cette déification du matérialisme sous lequel il a succombé. L'opinion publique qui l'avait sacré empereur et roi, irritée de ses insultants dédains, se souleva, et brisa sans effort son instrument.

La Restauration, au contraire, périt victime de

sa foi dans sa légitimité historique, et de son mépris de la puissance des révolutions et des faits.

D'où vient que Napoléon en 1804, Louis XVIII en 1814, Louis-Philippe en 1830, ont été accueillis avec un même enthousiasme? c'est que les affections de race ou de personne tendent à disparaître, et que la mesure de l'utilité et des bienfaits sera de plus en plus la mesure des sentiments populaires. Comprenez et satisfaites les intérêts généraux; soyez juste; soyez grand; soyez sympathique; dominez enfin l'opinion, si vous voulez prendre ou retenir le sceptre; c'est l'opinion qui donne la souveraineté, et l'opinion sera toujours plus forte, sachez-le bien, que la lettre d'un texte dont l'esprit se retire.

Louis-Philippe s'est maintenu envers et contre tous, depuis 12 années, soit par sa sagesse, soit par les fautes de ses adversaires, soit par l'intelligence des deux grands besoins de l'époque: la démocratie et la paix.

A l'exemple des successeurs de Hugues Capet, les successeurs de Louis-Philippe sont tenus de faire sans cesse sanctionner par l'opinion publique leur privilége héréditaire, et ils sont soumis à la glorieuse nécessité d'initier l'âge nouveau à la civilisation dont il a l'instinct, mais dont il cherche encore une plus complète formule.

La dynastie d'Orléans semble appelée a profiter du besoin d'ordre et d'harmonie dont on voit poindre partout les heureux symptômes. Au milieu d'une démolition qui s'achève, nos jeunes générations sont occupées à retirer des débris de l'ancien édifice social les matériaux qui serviront de base à l'édifice de l'avenir. Soins pieux, préoccupations touchantes! quelle ardeur d'efforts et quelles saintes espérances ne devez-vous pas ranimer dans les cœurs découragés par les déceptions d'un demi-siècle de révolutions!

Dieu n'a point permis aux mêmes mains qui s'étaient profanés par l'œuvre de destruction de travailler à la construction de la nouvelle arche d'alliance. La corruption et l'impiété ont été vouées au néant; et c'est l'innocence et la foi qui cueilleront les doux fruits des nouvelles promesses. Tout devait être séparé et distinct dans la mission de la foi et de l'impiété; l'une fut l'instrument de la colère

céleste, et l'autre annonce le jour de la miséri-
corde; l'une semait autour d'elle la mort, et mar-
chait précédée d'une odeur de sang et de carnage ;
l'autre répandra sur ses pas la fertilité, l'abon-
dance, la vie, et les chants d'allégresse remplace-
ront les imprécations et les blasphèmes du déses-
poir.

Notre siècle, accusé de religiosité, arrive peu à
peu à la religion, base des vertus de l'homme et
du citoyen ; nous nous sommes perdus en perdant
le sentiment chrétien, et nous devrons notre ré-
génération et notre salut à notre retour à la foi de
nos pères. La croix, ce signe des nations, cet em-
blème sacré de la civilisation moderne, ranimera
en nous l'esprit de charité et d'abnégation, source
du patriotisme que l'individualisme athée d'une
autre époque tendait à tarir.

Le retour à la foi ne nous ramènera pas aux habitudes théocratiques. Le clergé a été utilement
mêlé aux affaires du monde tant que celui-ci n'é-
tait point sorti de l'enfance ; mais, depuis que la
connaissance des lois, de la religion, de la science
et des arts s'est répandue dans la société, le clergé

doit se renfermer dans la spiritualité de sa mission, l'enseignement du dogme et de la morale
évangélique. Toute alliance du gouvernement avec
le clergé, pour donner à des théories politiques la
consécration religieuse, engendrerait désormais des
rebelles et des impies, et compromettrait également
ment l'autorité religieuse et l'autorité politique.

Cet esprit de soumission et de lumière qui ra-
mène l'homme aux pieds de son Dieu, et la créa-
ture à l'adoration du créateur, se manifeste encore
dans de plus humbles régions, et descend de la
sphère immortelle vers la sphère terrestre de l'humanité; en même temps que l'évidence de Dieu
éclate et se révèle, nous paraissons encore frappés
de la nécessité du pouvoir et de l'évidence de la
loi de Dieu qui l'impose aux respects et à l'obéissance des hommes.

Aucun grand parti ne nie plus aujourd'hui le
pouvoir; partout il est également invoqué comme
le refuge et l'abri de notre civilisation et de notre
nationalité.

L'ordre qui règne dans le ciel apparaît comme
l'image et le symbole de l'ordre qui doit régner

sur la terre ; l'unité de Dieu appelle ici-bas l'u-
nité du pouvoir ; l'unité est partout la condition
de l'ordre et de l'harmonie ; ce qui est agréable
et utile à Dieu doit être utile et agréable
aux hommes ; le sacrifice et l'obéissance que l'on
doit à Dieu, on les doit également au pouvoir ; et
l'obligation est la même pour le chrétien et pour le
citoyen. L'unité est le fondement des doctrines
politiques et sociales de tout parti qui prétend à la
domination de l'avenir, et la centralisation moderne est le plus éclatant témoignage de cette loi
divine qui conduit tout à l'unité !

Dépositaires du pouvoir, comprenez-vous bien
le sens de ce prodige ? Oh ! n'ayez pas des yeux
pour ne pas voir, et des oreilles pour ne pas en-
tendre ! Notre siècle est en travail du grand enfan-
tement d'une nouvelle civilisation ; secondez donc
ce mouvement et cet effort, car il sera votre salut
ou votre perte.

Gardez-vous du scepticisme ou de l'indifférence
comme d'un poison mortel qui détruirait en vous
tout principe de vie, et vous ferait retrancher du
tronc social comme un rameau mort et desséché !

Inspirez-vous du souffle divin de la foi, et tout s'animera à votre approche, et vous sentirez bientôt une force surnaturelle et inconnue qui changera votre stérile impuissance en la plus riche fécondité.

Vous nous avez donné la paix, et nous vous en rendons mille actions de grâce, mais la paix que nous souhaitons n'est pas un lâche repos et une indigne inertie; c'est une activité incessante de toutes les facultés morales de l'humanité vers le perfectionnement infini dont le besoin incessant tourmente nos cœurs, et qui rajeunit et se renouvelle sans cesse avec chaque nouvelle génération. La paix est nécessaire, indispensable à la majesté de la révolution morale qui s'accomplit; elle seule favorise dignement cette crise merveilleuse de l'organisme nouveau qui se prépare.

Hommes du vrai progrès, unissez-vous donc, et portez tous vos suffrages sur le parti conservateur! C'est lui à qui vous êtes redevables de la paix, et qui seul est en état de défendre ce bien précieux! Quels que soient vos griefs contre certaines tendances du parti conservateur, n'out

bliez pas que, s'il peut être accusé de n'avoir pas
fait tout le bien qu'on était en droit de lui de-
mander, on lui doit du moins une reconnaissance
sans réserve pour tout le mal qu'il a prévenu par
son habile persévérance. Sans doute, vos vœux
vont beaucoup au-delà de ce qui s'est fait depuis
douze ans ; mais est-il aucun parti qui vous ait
encore rien proposé de meilleur ?

. . . .
. . . .

Quant à vous, monsieur, en vous unissant au
parti conservateur, vous avez eu le courage de lui
reprocher ses faiblesses ; préférant le servir que
de lui plaire, vous ne lui avez jamais déguisé la vérité, et vos avertissements le préserveront peut-
être des dangers auxquels l'exposerait sa tor-
peur.

Poursuivez votre œuvre, monsieur ; on trahit
ses amis en les flattant ; invitez-les donc à plus
d'élévation, de générosité, de prévoyance ; faites-
leur comprendre tout ce qui manque encore à
l'organisation du pouvoir et de la liberté ; dites-

eur qu'ils ont mission de réhabiliter par leurs exemples, autant que par leurs paroles, le respect de tous les principes qui sont la vie des gouvernements et des sociétés; répétez-leur sans cesse que le pouvoir est au concours et appartiendra au plus digne; gourmandez leur mollesse; stimulez leur zèle; mais continuez de les servir, parce que, sans avoir peut-être le sentiment parfait de l'œuvre qu'ils accomplissent, ils sont encore du moins, par le maintien de la paix, le plus utile instrument de la Providence.

Paris, 26 mai 1842.

www.ingramcontent.com/pod-product-compliance
Lightning Source LLC
Chambersburg PA
CBHW071341030726
47594CB00002B/703